이 책의 주인은

서문

이 책에는 3년 동안 하루에 하나씩, 아이의 창의적인 성장을 돕는 질문이 담겨 있습니다. 쑥쑥 자라나는 삶 속에서 아이의 답이 3년 동안 어떻게 변화하는지 한눈에 살필 수 있는 매력적인 타임캡슐이 되어 줍니다.

이 책에 담긴 질문은 6~13세 연령대의 아이들을 대상으로 합니다. 따라서 가장 어린 아이들에게는 약간 어렵게 느껴지는 질문도 있을 수 있어요. 그럴 때는 엄마 아빠가 아이들이 질문을 잘 이해할 수 있도록 도와주세요. 단, 질문에 대한 이해가 아이와 다를 경우에는 아이의 해석을 따라 주세요. 그게 훨씬 더 큰 재미와 즐거움을 아이에게 선물합니다. 물론 아이가 너무 어려워하는 질문은 건너뛰어도 좋습니다. 다음 해에 더 자라서 답해도 되니까요.

아이의 연령대에 따라 엄마 아빠가 아이의 답을 받아쓰거나 아이가 직접 쓰게 하세요. 때로는 유쾌하고 기발한 답이 아니라 약간 염려스러운 답이 나올 수도 있어요. 하지만 솔직한 기록이 될 수 있도록 특정한 방향으로 유도하지 말고 아이 스스로 답을 찾아가도록 해 주세요.

3년 동안 아이의 생각과 감정이 발달하고 한층 깊어지는 모습을 볼 수 있는 기회를 갖는다는 건 정말 가슴 뛰는 일이 될 거예요! 그 시간 동안 아이는 크게 바뀌는 부분도 있고 변함없이 그대로인 부분도 있을 겁니다. 이를 통해 아이는 자기 자신에 대해 더 깊이 알아 가고, 엄마 아빠는 아이의 변화를 지켜보면서 참된 육아와 교육의 새로운 방향을 모색하는 값진 시간을 얻게 될 것입니다.

Q&A A DAY FOR KIDS: A THREE-YEAR JOURNAL by Betsy Franco

Copyright © 2012 by Betsy Franco. All rights reserved.

This Korean edition was published by midnight bookstore in 2016
by arrangement with Potter Style, an imprint of the Crown Publishing Group,
a division of Penguin Random House LLC through
KCC(Korea Copyright Center Inc.), Seoul.

이 책은 (주)한국저작권센터(KCC)를 통한 저작권자와의 독점계약으로
(주)심야책방에서 출간되었습니다. 저작권법에 의해
한국 내에서 보호를 받는 저작물이므로 무단전재와 복제를 금합니다.

JANUARY 01

엄마 아빠나 친구들이 부르는 별명(애칭)이 있나요?

20__ _____

20__ _____

20__ _____

JANUARY 02

친구들과 무엇을 할 때
가장 즐거운가요?

20__

20__

20__

어떤 말을 들으면
기쁘고 설레나요?

20_ _

20_ _

20_ _

JANUARY 04

나만의 비밀 장소가 있나요?

20__

20__

20__

JANUARY  05

오늘 하루와 가장 잘 어울리는
색깔은 무엇인가요? 그 이유는?

20_ _

20_ _

20_ _

JANUARY 06

세계 어디든 갈 수 있다면,
가장 먼저 어디에 가고 싶은가요?

20__

20__

20__

무척 해 보고 싶은데
아직 할 수 없는 일이 있다면?

20__

20__

20__

JANUARY 08

나의 영웅은 누구인가요?
그 이유는?

20＿＿

20＿＿

20＿＿

JANUARY 09

_____가(이) 좀 더 많았으면 좋겠어요.

20__

20__

20__

내가 친구들보다 잘하는 것은?

20__

20__

20__

누군가 나를 놀린 적 있나요?
무슨 일이 있었는지 적어 보세요.

20_ _

20_ _

20_ _

 친구가 내 물건을 가지고 놀면
어떤 기분이 드나요?

20__

20__

20__

최근에 한 바보 같은 행동은 무엇이었나요?

20__ __

20__ __

20__ __

JANUARY 14

슬플 때 도움이 되는 것이 있나요?

20_ _

20_ _

20_ _

뭐든지 다 살 수 있다면
뭘 사고 싶나요?

20_ _

20_ _

20_ _

JANUARY

_____ 을(를) 할 때
끔찍한 기분이 들어요.

20__

20__

20__

JANUARY 17

오늘 가장 재미있었던 일은 무엇인가요?

20__

20__

20__

지금 주변에서
무슨 소리가 들리나요?

20_ _

20_ _

20_ _

JANUARY

나를 다른 사람에게 맡겨 놓고
엄마 아빠가 외출하시면,
어떤 생각이 드나요?

20__

20__

20__

가장 좋아하는 간식은?
그걸 어디에서 먹는 게
가장 맛있어요?

20_ _ _____

20_ _ _____

20_ _ _____

외계인이 있다고 생각하나요?
그 이유를 적어 보세요.

20_ _

20_ _

20_ _

JANUARY 22

내가 특별한 사람이라는
생각이 들 때는 언제인가요?

20__

20__

20__

JANUARY

오늘 나를 실망시킨 사람이나
일이 있었나요?
어떻게 실망시켰나요?

20_ _

20_ _

20_ _

JANUARY 24

내가 친구들 사이에서 인기가 있는 비결은?

20_ _

20_ _

20_ _

저녁 식탁에 앉으면
어떤 기분이 드나요?

20_ _ _____

20_ _ _____

20_ _ _____

JANUARY 26

_____때문에 걱정이 돼요.

20__ __

20__ __

20__ __

JANUARY 27

최근에 한 일 중에서
가장 뿌듯했던 일은 무엇인가요?

20__ _____

20__ _____

20__ _____

JANUARY 28

거울에 비친 내 모습을 보면 어떤 생각이 드나요?

20_ _

20_ _

20_ _

JANUARY 29

무척이나 재미있어 보이는 직업은?

20_ _

20_ _

20_ _

JANUARY

실제로 만나 보고 싶은
책 속의 주인공은 누구인가요?

20__ _____

20__ _____

20__ _____

31 오늘 학교에서 가장 지루했던 일은 무엇인가요?

20__

20__

20__

FEBRUARY 01

알라딘 램프가 생기면
어떤 소원을 빌고 싶나요?

20_ _

20_ _

20_ _

FEBRUARY  02

오늘 함께 자고 싶은 친구는
누구인가요? 그 이유는?

20__

20__

20__

FEBRUARY

누군가가 몹시 안타깝게 느껴졌던 일을 적어 보세요.

20__ __

20__ __

20__ __

FEBRUARY 04

오늘 감사한 일은 무엇인가요?

20_ _

20_ _

20_ _

FEBRUARY  가장 아름답다고 느낀
사진이나 그림에 대해 써 보세요.

20__ _____

20__ _____

20__ _____

FEBRUARY

최근에 너무 부끄러워서
말이 잘 나오지 않았던 적은
언제인가요? 그 이유는?

20_ _

20_ _

20_ _

나는 우리 가족이
다 함께 _____을(를)
할 때가 좋아요.

20_ _ _____

20_ _ _____

20_ _ _____

꼭 지켜야 하지만
이해할 수 없는
학교 규칙은 무엇인가요?

20__

20__

20__

FEBRUARY 09

가장 좋아하는
점심 메뉴는 무엇인가요?

20__ _____

_____

_____

_____

_____

20__ _____

_____

_____

_____

_____

20__ _____

_____

_____

_____

_____

FEBRUARY

책에 나오는 _____가(이) 진짜가 아니라 다행이에요.

20___ ___

20___ ___

20___ ___

FEBRUARY

누군가에게
뭔가를 가르쳐 준 적이 있나요?
무엇이었나요?

20__

20__

20__

FEBRUARY 12

잃고 싶지 않은 것은 무엇인가요?

20__

20__

20__

FEBRUARY

보물 상자를 땅에 묻는다면
상자 안에 무엇을 넣겠어요?

20__ __

20__ __

20__ __

FEBRUARY 14

오늘 나의 어떤 점이
가장 마음에 드나요?

20_ _

20_ _

20_ _

FEBRUARY 15

가장 좋아하는 스포츠는 무엇이고 그 이유는?

20_ _

20_ _

20_ _

FEBRUARY

나 혼자서도 _____을(를) 잘할 수 있는데 아무도 인정해 주지 않아요.

20__

20__

20__

FEBRUARY 17

건강하고 튼튼한 몸을 만들기 위해 이번 주에 무엇을 했나요?

20_ _

20_ _

20_ _

FEBRUARY 18

내가 용감했던 적은 언제인가요?

20__

20__

20__

FEBRUARY

밥을 굶어 본 적이 있나요?
있다면 어떤 느낌이 들었나요?

20_ _

20_ _

20_ _

거짓말을 하고 싶었지만
꾹 참고 솔직하게 말했을 때는
언제인가요?

20__

20__

20__

FEBRUARY 21

누군가를 도와줬던 일에 대해 써 보세요.

20_ _

20_ _

20_ _

FEBRUARY 22

엄마나 아빠의 직업에 대해 써 보세요.

20__

20__

20__

가장 친한 친구가
지금 하고 있는 고민은
무엇인가요?

20__ _____

_____

_____

_____

_____

20__ _____

_____

_____

_____

_____

20__ _____

_____

_____

_____

_____

FEBRUARY 24

언제 따뜻하고 평화로운 기분을 느끼나요?

20__

20__

20__

FEBRUARY 25

가장 좋아하는 TV 프로그램은 무엇인가요?

20__

20__

20__

FEBRUARY 26

오늘의 나를 동물에 비유한다면 어떤 동물일까요? 그 이유는?

20__

20__

20__

FEBRUARY 27

내가 가진 것 중에서
절대 바꾸고 싶지 않은 것이
있나요?

20_ _

20_ _

20_ _

FEBRUARY

다섯 가지 감각(시각, 청각, 후각, 촉각, 미각) 중에서 가장 마음에 드는 것과 그 이유는?

20＿＿

20＿＿

20＿＿

FEBRUARY 29

올해는 윤년인가요?
보너스로 얻은 오늘 하루,
특별한 일이 있었나요?

20_ _ _____

20_ _ _____

20_ _ _____

MARCH 01

비 오는 날을 좋아하나요?

20__

20__

20__

MARCH 02

척척 잘하지 못하는 일은 무엇인가요?

20_ _

20_ _

20_ _

정말로 궁금했던 것을 알려 준 사람은 누구인가요? 무엇이었나요?

20__

20__

20__

나는 _____을(를) 입는 게 싫어요.

20_ _ _____

20_ _ _____

20_ _ _____

지금 학교 생활에서
가장 만족스러운 것은?

20_ _

20_ _

20_ _

MARCH 06

함께 있을 때
가장 안심이 되는 사람은 누구인가요?

20__

20__

20__

내가 원하는 것을
가지고 있는 사람은 누구인가요?

20_ _

20_ _

20_ _

# MARCH 08

인터넷(비디오) 게임에 대해 어떻게 생각하나요?

20_ _

20_ _

20_ _

최근에 처음 가 본 곳이 있나요?

20_ _

20_ _

20_ _

오늘 하늘은 어떤 모습인가요?

20__

20__

20__

요즘 더 오래 하고 싶은 일이 있나요?

20__

20__

20__

내가 이 세상을 다스리는 왕이라면, 바꾸고 싶은 것이 있나요?

20_ _

20_ _

20_ _

MARCH 13

나의 별명이나 이름이 마음에 드나요?
원하는 별명이나 이름이 있나요?

20_ _

20_ _

20_ _

화가 나서 견딜 수 없었던 일을
적어 보세요.

20__

20__

20__

MARCH 15

내 주변에서 가장 말썽을 일으키는 사람은 누구인가요?
자세히 적어 보세요.

20__

20__

20__

MARCH 16

엄청 커다란 종이 상자가 있다면 무엇을 하는 데 쓰고 싶어요?

20__

20__

20__

가장 최근에 받은
선물은 무엇인가요?

20__

20__

20__

가장 좋아하는 교통수단은 무엇인가요?

20_ _

20_ _

20_ _

생일이 기다려지는 가장 큰 이유는?

20__

20__

20__

MARCH 20

나는 결코
할 수 없을 것 같은 직업은?

20__

20__

20__

이번 주에 가족을
도와준 적 있나요?

20_ _

20_ _

20_ _

가장 최근에 눈물이 났던 적은 언제인가요?

20__

20__

20__

결혼하고 싶은 사람이 있나요?
그 이유는?

20__

20__

20__

크게 혼날 만한 일을
저지른 적이 있나요?
하나만 써 보세요.

20_ _ _____

_____
_____
_____
_____

20_ _ _____

_____
_____
_____
_____

20_ _ _____

_____
_____
_____
_____

엄마나 아빠와 캠핑을 간다면
어디로 가고 싶나요?

20＿＿

20＿＿

20＿＿

MARCH 26

나는 _____에 대해 자주 불평해요.

20__

20__

20__

MARCH

다룰 줄 아는 악기나
배우고 싶은 악기가 있나요?

20__

20__

20__

 내가 아는 가장 나이 많은 사람은
누구인가요?

20___

20___

20___

MARCH 29

최근에 외로움을 느낀 적이 있나요?
무엇 때문이었나요?

20__

20__

20__

지금 창밖으로 뭐가 보이나요?

20_ _

20_ _

20_ _

MARCH 31

잊어버리려고 해도
잊히지 않는 일은 무엇인가요?

20__

20__

20__

오늘 누군가에게 짓궂은 장난을 쳤나요?
어떤 장난이었나요?

20_ _

20_ _

20_ _

어떤 초능력을 가지고 싶나요?
그 이유는?

20_ _

20_ _

20_ _

형제나 남매가 있어서 (또는 없어서)
가장 안 좋은 점은 무엇인가요?

20_ _

20_ _

20_ _

내가 가장 좋아하는 옷은?

20__

20__

20__

APRIL 05

과거로 돌아갈 수 있다면
언제로 가고 싶은가요? 그 이유는?

20_ _

20_ _

20_ _

엄마나 아빠에게 지금 꼭 해 주고 싶은
이야기는 무엇인가요?

20_ _

20_ _

20_ _

나를 가장 잘 이해해 주는 사람은 누구인가요?

20 _ _

20 _ _

20 _ _

오늘 힘겨운 일이 있었나요?
무슨 일인가요?

20_ _

20_ _

20_ _

APRIL 09

어떤 세상을 만들면
사람들이 더 행복할까요?

20_ _

20_ _

20_ _

최근에 지구를 보호하기 위해
무슨 일을 했나요?

20__ __

20__ __

20__ __

다음 물건들의 가격은 얼마일까요?
큰 우유 한 통, 자동차, 운동화.

20__

20__

20__

언제 따돌림 당하는 기분을 느꼈나요?

20_ _

20_ _

20_ _

가장 좋아하는 계절은?
그 이유는 무엇인가요?

20_ _

20_ _

20_ _

나는 요즘 들어
_____을(를) 특히 좋아해요.

20__

20__

20__

내가 존경하는 사람과
그 이유는 무엇인가요?

20__

20__

20__

APRIL 16

엄마가 혼자서 여행을 간다면, 추천해 주고 싶은 곳은?

20_ _

20_ _

20_ _

APRIL 17

만약 내가 강아지라면
어떤 종류의 강아지일까요?

20__ _____

_____
_____
_____
_____

20__ _____

_____
_____
_____
_____

20__ _____

_____
_____
_____
_____

나는 _____을(를)
할 때가 참 싫어요.

20_ _

20_ _

20_ _

들으면 기분이 좋아지는 음악은 무엇인가요? 그 이유는?

20_ _

20_ _

20_ _

APRIL  20

거짓말을 한 적이 있나요?
어떤 거짓말이었나요?

20__ __

20__ __

20__ __

APRIL  21

누구의 마음을 읽고 싶나요?
그 이유는 무엇인가요?

20__

20__

20__

아침에 일어나 학교에 갈 때
어떤 생각이 드나요?

20_ _

20_ _

20_ _

내가 사는 집을 소개해 보세요.

20__

20__

20__

위로해 주고,
힘이 되어 주고 싶은 사람이 있나요?

20__ _____

20__ _____

20__ _____

무엇을 할 때 자신감에 넘치나요?

20_ _

20_ _

20_ _

새롭게 친구가 되고 싶은 사람은 누구이고 이유는 무엇인가요?

20＿＿

20＿＿

20＿＿

APRIL 27

오늘 학교 끝나고 뭘 했나요?

20___

20___

20___

APRIL 28

가장 좋아하는 색깔은 무엇인가요?
그 색깔을 보면 뭐가 떠오르나요?

20___

20___

20___

APRIL 29

가족 말고 누구누구와
함께 살고 싶나요?

20_ _

20_ _

20_ _

가장 친한 친구와 나만 아는
비밀이 있나요?

20__ __

20__ __

20__ __

무엇이든 키울 수 있다면
어떤 반려동물을 키우고 싶나요?

20_ _

20_ _

20_ _

가장 최근에 화가 났을 때,
그 화를 어떻게 가라앉혔나요?

20_ _

20_ _

20_ _

요즘 쉬는 시간에 (또는 놀이터에서)
가장 신나는 일은 무엇인가요?

20_ _

20_ _

20_ _

내일 아침 눈을 떴을 때
몇 살이 되어 있으면 좋겠어요? 그 이유는?

20_ _

20_ _

20_ _

하루 중 집에 있는 게
가장 좋을 때는 언제인가요?

20_ _

20_ _

20_ _

원하는 게 있는데, 좀처럼 말을 꺼내기가 어려운 이유는 무엇인가요?

20__

20__

20__

# MAY 07

친구들이 나에게 잘 대해 주나요?
예를 들어 보세요.

20_ _

20_ _

20_ _

피터팬은 왜 어른이 되기 싫어했을까요?

20__

20__

20__

요즘 어떤 상상을 하나요?

20_ _

20_ _

20_ _

할아버지, 할머니는 어떤 분이신가요?

20_ _

20_ _

20_ _

MAY 11

생각할 때마다
나도 모르게 웃음이 나는 일은?

20__

20__

20__

학교에서 수업 시간에
가만히 앉아 있기가 힘든가요?

20___

20___

20___

글을 쓰는 게 좋아요,
그림을 그리는 게 좋아요?

20_ _

20_ _

20_ _

아무리 먹어도 질리지 않는 음식은?

20_ _

20_ _

20_ _

위험하다고 생각하는 것은 무엇이고, 왜 그런가요?

20__

20__

20__

밤하늘의 별을 보면
어떤 생각이 드나요?

20__

20__

20__

자유 시간이 충분하다(부족하다)고 생각하나요? 그 이유는?

20_ _

20_ _

20_ _

_____는(은) 못됐어요.
자세하게 적어 보세요.

20__

20__

20__

오디션에 나간다면
어떤 노래를 부르고 싶어요?

20_ _

20_ _

20_ _

지금까지 가장 제멋대로 한 행동은 무엇이었나요?

20__

20__

20__

신이 있다고 믿나요? 그 이유는?

20_ _ _____

20_ _ _____

20_ _ _____

 가장 멋지다고 생각하는
직업은 무엇인가요?

20_ _

20_ _

20_ _

MAY 23

주말에 뭘 하는 걸 가장 좋아하나요?

20_ _

20_ _

20_ _

내일 지구의 종말이 온다면
오늘 무엇을 하고 싶나요?

20_ _

20_ _

20_ _

 가장 많이 사용하는 전자 기기는 무엇인가요?
(휴대폰, 비디오 게임기, 컴퓨터, TV 등)

20__ _____

_____
_____
_____
_____

20__ _____

_____
_____
_____
_____

20__ _____

_____
_____
_____
_____

나는 조용한 편인가요, 시끄러운 편인가요, 아니면 보통인가요?

20_ _

20_ _

20_ _

MAY 27

하루 종일 _____를(을)
할 수 있으면 좋겠어요.

20__

20__

20__

우리 가족을 세 단어로 표현해 보세요.

20_ _

20_ _

20_ _

# MAY 29

친구들이
_____에 대해 몰랐으면 좋겠어요.

20__ _____

20__ _____

20__ _____

최근에 가장 재미있게 본 영화나 공연은?

20__ __

20__ __

20__ __

내가 맡은 집안일은 무엇인가요?
그 일을 해야 한다는 사실에 대해
어떤 생각이 드나요?

20_ _

20_ _

20_ _

기억나는 꿈에 대해 적어 보세요.

20_ _

20_ _

20_ _

JUNE 02

전쟁은 왜 일어나는 것일까요?

20__

20__

20__

친구에게 권해 주고 싶은 책의 제목과
그 이유는 무엇인가요?

20_ _

20_ _

20_ _

최근에 가장 억울했던 일은 무엇인가요?

20_ _

20_ _

20_ _

살면서 돈은 왜 필요할까요?

20_ _

20_ _

20_ _

정말 좋아하는 냄새가 있나요?

20_ _

20_ _

20_ _

# JUNE 07

내가 사는 동네를
세 단어로 표현해 보세요.

20__

20__

20__

JUNE # 08

나는 _____이(가) 질투 나요.
그 이유는 _____.

20__ _____

20__ _____

20__ _____

햇빛, 비, 천둥 중에서
나는 무엇에 가까울까요? 그 이유는?

20__ _____

20__ _____

20__ _____

JUNE 10

내가 아는 가장 어린 사람은 누구인가요?

20__

20__

20__

만약 방학이 사라지고 일 년 내내 학교에 가야 한다면?

20_ _

20_ _

20_ _

투명인간이 된다면
가장 하고 싶은 일은 무엇인가요?

20__

20__

20__

13

요즘 친구와 세운 계획이 있나요?
무엇인가요?

20__

20__

20__

나는 하루빨리
새 _____을(를) 갖고 싶어요.

20__

20__

20__

다시 태어난다면
어느 나라 사람이 되고 싶어요? 그 이유는?

20_ _

20_ _

20_ _

우리는 왜 외국어를 공부해야 할까요?

20_ _

20_ _

20_ _

내 얼굴에서
가장 마음에 드는 부위는?

20__

20__

20__

공평하지 않다고 생각되는 것은 무엇인가요?

20__

20__

20__

작지만 나를 행복하게 만드는 것은 무엇인가요?

20_ _

20_ _

20_ _

JUNE 

나는 _____이(가) 가장 헷갈려요.

20__ _____

_____

_____

_____

_____

20__ _____

_____

_____

_____

_____

20__ _____

_____

_____

_____

_____

나랑 잘 놀지 않으려고 하는 사람이 있나요? 이유가 무엇인가요?

20_ _

20_ _

20_ _

JUNE

무인도에 꼭 가지고 가야 할 세 가지가 있다면?

20__

20__

20__

JUNE 23

가장 최근에 뭔가를 직접 만든 적이 있나요?

20__

20__

20__

나는 우리 가족이 _____을(를) 하지 않았으면 좋겠어요.

20__

20__

20__

지금은 헤어졌지만 언젠가 꼭 만나고 싶은 친구는?

20__

20__

20__

아침과 밤, 언제가 더 좋나요?
그 이유는?

20__

20__

20__

나를 짜증나게 하는 것은 무엇인가요?

20__

20__

20__

이기는 게 중요하다고 생각하나요?
그 이유는?

20__

20__

20__

JUNE 29

공룡처럼 인간도 다 멸종하면
세상은 어떻게 될까요?

20__

20__

20__

하루가 빨리 가는 것 같나요,
느리게 가는 것 같나요?

20_ _

20_ _

20_ _

좋아하는 친척은 누구인가요?

20_ _ _

20_ _ _

20_ _ _

친구들과 함께 누군가를 흉본 적 있나요?
그 이유는?

20__

20__

20__

절대로 먹고 싶지 않은 음식은?

20_ _

20_ _

20_ _

내가 학교를 왜 다닌다고 생각하나요?

20__

20__

20__

JULY 05

하루 동안 뭐든 할 수 있다면 뭐 하고 싶나요?

20__

20__

20__

어둠을 무서워하나요?
그 이유는 무엇인가요?

20__

20__

20__

_____는 나에게 친절하게 대해 줘요.
그 이유를 설명해 보세요.

20__

20__

20__

듣고 싶은 단어를 세 개만 적어 보세요.

20__

20__

20__

후회되는 말을 한 적이 있나요?
무엇인가요?

20__ _____

20__ _____

20__ _____

JULY 10

예상이 딱 적중된 적이 있나요?
언제 그랬나요?

20__

20__

20__

JULY 11

가장 최근에 '포기할 거야'라고
생각한 적은 언제인가요?
정말로 포기했나요?

20__

20__

20__

 JULY 12

다른 사람들이 먹는 걸 보면
나도 먹고 싶어지는 음식은 무엇인가요?

20_ _

20_ _

20_ _

JULY 13

평소 깜짝 놀라는 걸 좋아하나요?
그 이유를 써 보세요.

20__

20__

20__

JULY 14

다른 나라에 사는 가난한 아이들을 돕고 싶다면, 어떻게 도와주겠어요?

20_ _

20_ _

20_ _

책 읽기에 가장 좋은 장소는 어디인가요?

20_ _ _____

20_ _ _____

20_ _ _____

나 때문에 친구가 속상해 한 적이 있나요?
그 이유는?

20_ _

20_ _

20_ _

지금 쓰고 있는 이 일기장의 좋은 점과 나쁜 점은?

20__

20__

20__

JULY  18

현재 가장 원하는
두 가지 소원은 무엇인가요?

20__

20__

20__

JULY 19

가장 떨리는 순간은 언제였나요? 그 이유는?

20__

20__

20__

_____는(은) 정말 웃겨!

20_ _ _____

20_ _ _____

20_ _ _____

내 방을 어떻게 꾸미고 싶은가요?

20__

20__

20__

아침에 일어나면
가장 먼저 떠오르는 생각은?

20__

20__

20__

내가 가장 아끼는 것은?

20_ _

20_ _

20_ _

최근에 악몽을 꾼 적 있나요?
어떤 꿈이었나요?

20__

20__

20__

나에게 _____가(이) 있다면
정말 행복할 텐데!

20__

20__

20__

악당은 왜 사라지지 않고 계속 존재할까요?

20__

20__

20__

최근에 용돈을 모아 직접 산 게 있다면?

20__

20__

20__

가족 중에 싸우는 사람을 본 적 있나요?
누가, 어떻게 싸우나요?

20_ _ _

20_ _ _

20_ _ _

거미를 보면 어떤 생각이 드나요?

20__

20__

20__

부모님 말고 가장 최근에 대화를
나눠 본 어른은 누구인가요?

20_ _ _

20_ _ _

20_ _ _

나와 가장 친한 친구에 대해
세 단어로 표현해 보세요.

20__

20__

20__

_____시까지 안 자고 깨어 있었으면 좋겠어요. 왜냐하면 _____.

20_ _ _ _____

20_ _ _ _____

20_ _ _ _____

산과 바다 중 하나를 선택한다면?
그 이유는?

20__

20__

20__

AUGUST 03

악기를 연주하거나 그림을 그릴 때 어떤 기분이 드나요?

20__

20__

20__

AUGUST 04

혼자 있을 때와 다른 사람들과 함께 있을 때, 언제가 더 편한가요? 이유를 적어 보세요.

20__ _____

20__ _____

20__ _____

나와 함께 듀엣으로
노래 부르고 싶은 가수는
누구인가요? 그 이유는?

20_ _

20_ _

20_ _

 **06**

최근에 발견한 신기한 것이 있다면 무엇인가요?

20_ _

20_ _

20_ _

AUGUST

세계 최고가 될 수 있다면 어떤 분야에서 최고가 되고 싶은가요?

20__

20__

20__

나에게 화난 사람이 있나요?
누구이고, 이유는 무엇인가요?

20_ _ _____

20_ _ _____

20_ _ _____

AUGUST 09

취미로 수집하는 게 있나요?

20__ _____

20__ _____

20__ _____

AUGUST 10

가장 최근에 친구네 집에 놀러 간 적은 언제인가요?

20__

20__

20__

AUGUST

세상에 절대 없어서는 안 될 한 가지만 꼽는다면?

20_ _

20_ _

20_ _

AUGUST 12

욕하는 사람을 보면
어떤 생각이 드나요?
자세히 적어 보세요.

20__

20__

20__

한 번쯤 도전해 보고 싶다고
생각만 하는 무모한 일이 있다면?

20__

20__

20__

대학교는 꼭 가야 할까요?
그 이유는?

20__

20__

20__

어른이 되었을 때
가장 귀찮은 일은 무엇일까요?

20_ _

20_ _

20_ _

몸이 아팠던 일에 대해 써 보세요.

20_ _

20_ _

20_ _

과거로의 여행과 미래 여행 중에서
하나를 고른다면?
이유가 무엇인가요?

20_ _

20_ _

20_ _

AUGUST  18

친구들끼리 하는
파자마 파티에 대해
어떻게 생각하나요?

20__

20__

20__

AUGUST 19

할 일을 빨리 끝내는 편인가요,
느긋하게 여유를 부리는 편인가요?

20__

20__

20__

가지고 놀기에 이제는 유치해진 장난감은?

20_ _

20_ _

20_ _

나를 소리 내어
깔깔 웃게 만드는 것은?

20_ _

20_ _

20_ _

AUGUST 22

언제 새로운 시도를 했고, 무슨 일이었나요?

20__

20__

20__

AUGUST 23

범죄는 왜 일어날까요?

20__

20__

20__

AUGUST 24

부모님이 편찮으시면
어떤 생각이 드나요?

20__

20__

20__

AUGUST 25

나에게 호감을 보여 준
이성 친구가 있나요? 누구인가요?

20_ _

20_ _

20_ _

AUGUST 26

내가 _____라는 건
아무도 몰라요.

20__

20__

20__

AUGUST

가장 좋아하는 벌레는?
가장 싫어하는 벌레는?

20__

20__

20__

나는 _____을(를)
전혀 생각도 못해 봤어요.

20__

20__

20__

친구 한 명과 노는 게 좋나요, 여러 명과 노는 게 좋나요?

20_ _

20_ _

20_ _

집에서 지켜야 할 규칙 중에서
이해가 되지 않는 건 무엇인가요?

20__

20__

20__

AUGUST 31

최근에 나도 모르게
얼굴이 빨개진 일이 있었나요?
어떤 일이었나요?

20_ _

20_ _

20_ _

SEPTEMBER  자꾸만 생각나는 게 있나요? 무엇인가요?

20__

20__

20__

SEPTEMBER

 **02**

요리하는 걸 좋아하나요?
어떤 요리를 만들어 보고
싶나요?

20__

20__

20__

SEPTEMBER

껴안아 주고 싶은 사람은 누구이고 그 이유는 무엇인가요?

20__ _____

20__ _____

20__ _____

SEPTEMBER

거절을 잘하는 편인가요?
싫다는 말을 하기가
어렵게 느껴지나요?

20_ _

20_ _

20_ _

SEPTEMBER  내 방에서 가장 마음에
들지 않는 것은 _____.

20__ _____

20__ _____

20__ _____

SEPTEMBER  06

나는 친구들을 따르는 쪽인가요, 이끄는 쪽인가요?

20__ _____

20__ _____

20__ _____

SEPTEMBER

만약 속마음이
드러나 보인다면
내 마음은 어떻게 보일까요?

20_ _

20_ _

20_ _

SEPTEMBER  08

지루했던 영화와
그 이유를 적어 보세요.

20_ _

20_ _

20_ _

SEPTEMBER

내 자신이 정말로 좋을 때는 언제인가요?

20__

20__

20__

SEPTEMBER

겁날 때 어떻게
마음을 진정시키나요?

20__

20__

20__

SEPTEMBER

자전거를 타고
어디까지 달려 보고 싶어요?

20__

20__

20__

SEPTEMBER

오늘 내 방에서 함께 이야기 나누고 싶은 사람은 누구인가요?

20_ _

20_ _

20_ _

SEPTEMBER

 나보다 공부나 운동을
더 잘하는 친구를 보면
어떤 생각이 드나요?

20__

20__

20__

SEPTEMBER

혼자만 욕심부리는 사람이 있으면 어떻게 해야 할까요?

20_ _

20_ _

20_ _

SEPTEMBER  가장 좋아하는 음료수는?
그 이유는 무엇인가요?

20__

20__

20__

SEPTEMBER

용감하다고 생각하는 사람은 누구이고 그 이유는 무엇인가요?

20__ _____

20__ _____

20__ _____

SEPTEMBER 17

숙제에 대해 어떻게 생각하나요?

20_ _

20_ _

20_ _

SEPTEMBER

가장 대답하기 어려웠던 질문은 무엇이었나요?

20__

20__

20__

SEPTEMBER

내가 아는
가장 우스꽝스러운 사람은?

20__

20__

20__

SEPTEMBER

지저분한 걸 싫어하나요, 아니면 별로 신경 쓰지 않나요? 이유는 무엇인가요?

20__ _____

_____

_____

_____

_____

20__ _____

_____

_____

_____

_____

20__ _____

_____

_____

_____

_____

SEPTEMBER

스스로 운이 좋다고 생각하나요? 그렇거나 그렇지 않은 이유는?

20_ _

20_ _

20_ _

SEPTEMBER 22

사람들은 나의 어떤 점을 좋아하나요?

20__

20__

20__

SEPTEMBER

어른을 보면 가장 부러운 점은 _____.

20__

20__

20__

SEPTEMBER

가을이 되면
가장 먼저 생각나는 것은?

20___

20___

20___

SEPTEMBER

누군가 나에게
하기 싫은 일을 부탁한 적이
있나요? 자세히 써 보세요.

20_ _

20_ _

20_ _

SEPTEMBER

오늘의 아침을
한 단어로 표현한다면?

20_ _ _____

20_ _ _____

20_ _ _____

SEPTEMBER

예전에는 _____을(를) 싫어했지만 지금은 좋아하게 된 것 같아.

20_ _

20_ _

20_ _

SEPTEMBER

집에서 할 일 중에서 자주 미루는 일은 무엇인가요?

20_ _

20_ _

20_ _

SEPTEMBER 29

나는, 나를 사랑하나요?

20__

20__

20__

SEPTEMBER  수학 문제 풀기와
독서 중에 더 좋은 것은?

20__ _____

20__ _____

20__ _____

  걱정되는 사람이 있나요?
누구이고 그 이유는 무엇인가요?

20_ _

20_ _

20_ _

OCTOBER 02

내가 생각하는 완벽한 하루는?

20_ _

20_ _

20_ _

OCTOBER 03

학교 선생님들이 _____을(를) 했으면 좋겠어요.

20_ _

20_ _

20_ _

사장이 될 수 있다면,
어떤 제품을 만드는
회사를 차리고 싶은가요?

20__

20__

20__

부모님이 용돈을 올려 주면 좋겠어요? 그 이유는?

20__

20__

20__

OCTOBER  06

작년에 가장 친했던 친구와
올해도 가장 친한가요?

20_ _ _____

20_ _ _____

20_ _ _____

OCTOBER

좋아하는 사진이나 포스터, 지도가 방에 걸려 있나요? 그걸 좋아하는 이유는?

20_ _

20_ _

20_ _

OCTOBER 08

_____는(은)
나를 정말 피곤하게 해.

20__ _____

20__ _____

20__ _____

OCTOBER  09

텃밭이 있다면
무엇을 심고 싶은가요?

20_ _ _____

_____
_____
_____
_____

20_ _ _____

_____
_____
_____
_____

20_ _ _____

_____
_____
_____
_____

식물이 좋아요, 동물이 좋아요?
그 이유는?

20__

20__

20__

요즘 가장 먹고 싶은 저녁 메뉴는?

20_ _

20_ _

20_ _

누군가 나에게
사실이 아닌 말을 한 적이 있나요?

20_ _

20_ _

20_ _

마법의 지우개가 있다면
_____를(을) 지우고 싶어요.

20__

20__

20__

OCTOBER  나는 원숭이와 호랑이, 여우, 토끼 중에 무엇과 닮았나요?

20_ _

20_ _

20_ _

OCTOBER

_____을(를) 아무한테도 들키지 않았으면 좋겠어요.

20_ _

20_ _

20_ _

귀신이 진짜 있다고 생각하나요?
그 이유를 써 보세요.

20_ _

20_ _

20_ _

  엄마나 아빠에게
가장 중요한 것은 무엇인가요?

20_ _

20_ _

20_ _

OCTOBER  18

1월 1일부터 지금까지 몇 권의 책(만화책 포함)을 읽었나요?

20_ _ _____

20_ _ _____

20_ _ _____

OCTOBER  19

궁금한 게 있으면 어떻게 답을 얻나요?

20__

20__

20__

OCTOBER

전학을 가고 싶다는 생각을 해 보았나요? 그 이유는?

20__ __

20__ __

20__ __

  결코 친구가 될 수 없는
사람이 있나요? 누구인가요?

20__

20__

20__

마지막으로 먹은 과일이나 채소는?

20__

20__

20__

없애거나 버리고 싶은 것은?

20_ _

20_ _

20_ _

OCTOBER 24

약속을 어긴 적이 있나요?
무엇 때문이었나요?

20_ _

20_ _

20_ _

OCTOBER  25

아빠나 가까운 가족에게
오늘 하고 싶은 말이 있다면?

20_ _

20_ _

20_ _

OCTOBER 26

사람은 죽으면 어떻게 될까요?

20_ _

20_ _

20_ _

내가 시간 가는 줄 모르고
열심히 하는 일은?

20_ _

20_ _

20_ _

OCTOBER 28

일어나지 않았으면 하는 일은 무엇인가요?

20_ _ _____

20_ _ _____

20_ _ _____

요즘 엄마나 아빠가
나에게 가장 많이 하는 질문은?

20_ _

20_ _

20_ _

OCTOBER  30

몇 살이 되면 나 혼자서도
여행을 할 수 있다고 생각하나요?

20_ _ _____

_____

_____

_____

_____

20_ _ _____

_____

_____

_____

_____

20_ _ _____

_____

_____

_____

_____

OCTOBER 31

부자가 되고 싶은가요?
그 이유는?

20_ _

20_ _

20_ _

NOVEMBER 01

오늘 _____을(를) 배웠어요.

20___ _____

20___ _____

20___ _____

NOVEMBER  뼈가 부러지거나 심하게 다친 적이 있나요? 어떤 일이었나요?

20_ _

20_ _

20_ _

NOVEMBER

나 혼자만 아는 비밀이 있나요?

20_ _

20_ _

20_ _

NOVEMBER

되고 싶은, 영화나 TV 속 주인공은 누구인가요?

20__ __

20__ __

20__ __

NOVEMBER 05

대화가 즐거운 사람은 누구인가요?

20_ _

20_ _

20_ _

NOVEMBER

지금까지의 올 한 해는 어떤가요?
두 단어로 표현해 보세요.

20＿＿

20＿＿

20＿＿

NOVEMBER

자동차를 오랫동안 타고 갈 때 뭘 하면서 시간을 보내나요?

20___

20___

20___

NOVEMBER

가장 좋아하는 신발은?

20_ _

20_ _

20_ _

NOVEMBER 09

오늘이 멋진 하루였던 이유는 _____ .

20_ _

20_ _

20_ _

NOVEMBER

엄마나 아빠가 갖고 있는 책 중에서 나도 읽어 보고 싶은 책은?

20_ _

20_ _

20_ _

NOVEMBER

사람은 오래 사는 동물일까요, 얼마 못 사는 동물일까요?

20_ _

20_ _

20_ _

NOVEMBER

내가 원하는 것을 하지 못하게 방해하는 것이나 사람이 있나요?

20_ _

20_ _

20_ _

NOVEMBER

어른이 되어 결혼했을 때
아이를 몇 명 낳고 싶나요?

20＿＿

20＿＿

20＿＿

NOVEMBER

지금 행복한가요?

20_ _

20_ _

20_ _

NOVEMBER 15

가장 좋아하는 디저트는?

20__

20__

20__

NOVEMBER 16

내가 가장 겁나는 두 가지는 _____ 와(과) _____.

20_ _ _____

_____

_____

_____

_____

20_ _ _____

_____

_____

_____

_____

20_ _ _____

_____

_____

_____

_____

NOVEMBER

지금 내가 있는 장소에 대해 설명해 보세요.

20__

20__

20__

NOVEMBER

나는 _____을(를)
할 때 인내심이 사라져요.

20_ _ _____

20_ _ _____

20_ _ _____

NOVEMBER

나와 나이가 똑같은
세상 모든 친구들에게
해 주고 싶은 말이 있다면?

20__

20__

20__

NOVEMBER

사람들은 왜 몸에 좋지 않은 음식을 좋아할까요?

20__

20__

20__

NOVEMBER

행복하게 사는 데
꼭 필요한 것은 무엇일까요?

20__

20__

20__

NOVEMBER

최근에 가장 황당했던 일은 무엇인가요?

20__

20__

20__

NOVEMBER  23

가장 기다려지는 날은
언제인가요?

20_ _ _____

20_ _ _____

20_ _ _____

NOVEMBER

요즘 가장 큰 고민은 무엇인가요?

20_ _

20_ _

20_ _

NOVEMBER

별들은 왜 반짝반짝
빛이 날까요?

20__

20__

20__

NOVEMBER

누군가에게 정말 솔직하게 말했는데, 후회한 적 있나요? 그 이유는?

20__ __

20__ __

20__ __

NOVEMBER

남자와 여자의 차이는 무엇일까요?

20__

20__

20__

NOVEMBER 28

누군가에게 사과를 해야 할 때 가장 좋은 방법은 무엇일까요?

20__

20__

20__

NOVEMBER  29

학교에서는
왜 자꾸 시험을 볼까요?

20_ _

20_ _

20_ _

NOVEMBER

한 해 한 해 나이를 먹는 것은 기쁜 일일까요, 슬픈 일일까요?

20__

20__

20__

DECEMBER

일 년의 마지막 달인 12월에 가장 해 보고 싶은 일은?

20__

20__

20__

DECEMBER

나무나 정글짐에 올라가는 걸 좋아하나요? 높은 곳에 올라가면 어떤 기분이 드나요?

20__ __

20__ __

20__ __

DECEMBER

올 한 해 가장 고마웠던 친구는? 그 이유는?

20__

20__

20__

흥분을 가라앉히고
침착한 마음을 되찾을 수 있는
방법은?

20__

20__

20__

DECEMBER

몸무게를 줄여야 할까요, 늘려야 할까요? 그 이유는?

20_ _

20_ _

20_ _

DECEMBER

좋아하는 명언이나
가장 좋아하는 책 속의 한 줄을
써 보세요.

20_ _

20_ _

20_ _

DECEMBER

사람들은 만나면
왜 악수를 할까요?

20__

20__

20__

_____와 더 친해지고 싶어요.

20_ _

20_ _

20_ _

DECEMBER

올 한 해 가장 멀리 가 본 곳은 어디인가요?

20_ _

20_ _

20_ _

DECEMBER

언제 엄마나 아빠가 나를 사랑하고 있다고 느끼나요?

20_ _

20_ _

20_ _

DECEMBER  11

올 한 해 학교 선생님의 말씀 중 가장 기억에 남는 것은?

20_ _

20_ _

20_ _

부모님은 절대로 내가
_____을(를) 하는 걸
허락하지 않으실 거야.

20__

20__

20__

DECEMBER  성탄절은 왜 휴일일까요?

20__

20__

20__

DECEMBER

만약 내가 _____라는 걸 알면 다들 정신 나갔다고 할 거야.

20__ _____

20__ _____

20__ _____

DECEMBER

어떤 공상을 즐겨 하나요?

20_ _

20_ _

20_ _

DECEMBER

_____ 은(는) 지루해.
왜냐하면 _____.

20_ _ _____

20_ _ _____

20_ _ _____

DECEMBER  17

눈이 오면 기분이 어떨 것 같나요?

20_ _

20_ _

20_ _

DECEMBER

에스키모들은 왜 그렇게
추운 곳에서 살까요?

20_ _

20_ _

20_ _

오늘 운동이 될 만한 걸 했나요?

20__

20__

20__

DECEMBER

멸종 위기에 있는
북극곰들에게 한마디 한다면?

20__

20__

20__

가장 좋아하는 요일과
그 이유는?

20__ _____

20__ _____

20__ _____

나에게 일어날 수 있는
최악의 일은?

20__ _____

20__ _____

20__ _____

DECEMBER

내가 고치고 싶은
습관은 _____.

20_ _

20_ _

20_ _

DECEMBER

따뜻한 목도리와 장갑을
선물하고 싶은 사람은?
그 이유는?

20__

20__

20__

DECEMBER 25

바라던 일이 이루어졌나요?

20＿＿

20＿＿

20＿＿

DECEMBER 26

무엇을 발명하고 싶은가요?

20_ _

20_ _

20_ _

DECEMBER  27

며칠 후 한 살 더 먹으면
_____을(를) 할 거예요.

20__

20__

20__

올 한 해 나에게
가장 어렵게 느껴진 일은
무엇인가요?

20_ _

20_ _

20_ _

DECEMBER  최근에 칭찬의 말을
들은 적 있나요?
무슨 말이었나요?

20_ _

20_ _

20_ _

집에서 가장 좋아하는 장소는?

20_ _

20_ _

20_ _

DECEMBER 31

나를 그려 보세요.

20__

20__

20__

지은이 벳시 프랑코 Betsy Franco 어린이와 청소년 독자를 위해 동화책, 시집, 소설 등 80권이 넘는 책을 썼다. 그중에서 《계절로 배우는 수학 Mathematickles!》《꿀벌과 달팽이와 공작 꼬리 Bees, Snails, & Peacock Tails》는 수학의 원리와 개념을 쉽게 가르쳐주는 그림책으로 전 세계 독자들의 사랑을 받았다. 슬하의 세 아들을 성공한 배우, 작가, 조각가로 키워낸 지혜로운 엄마로서의 경험을 많은 사람들과 나누고 있다.

옮긴이 정지현 일상의 정취가 묻어나는 이야기를 사랑하는 그녀는 미국에서 딸을 키우며 번역 활동에 대한 사랑도 함께 키워나가고 있다. 현재 출판번역 에이전시 베네트랜스에서 전속 번역가로 활동 중이다.

Q&A a Day for Kids : 매일 성장하는 아이의 3년 일기

1판 1쇄 발행 2016년 4월 18일

지은이 벳시 프랑코 **옮긴이** 정지현
발행인 오영진 김진갑 **발행처** (주)심야책방

출판등록 2013년 1월 25일 제2013-000028호
주소 서울시 마포구 월드컵북로5가길 12 서교빌딩 2층
전화 02-332-3310 **팩스** 02-332-7741
홈페이지 www.tornadobook.co.kr
페이스북 www.facebook.com/tornadobook
Q&A a Day **인스타그램** www.instagram.com/qnaaday

종이 월드페이퍼(주) **인쇄·제본** 현문자현(주)

ISBN 979-11-5873-044-4 14590
   979-11-5873-043-7(set)

이 책은 저작권법에 따라 보호를 받는 저작물이므로 무단전재와 복제를 금하며,
이 책 내용의 전부 또는 일부를 사용하려면 반드시 저작권자와 (주)심야책방의 서면 동의를 받아야 합니다.
잘못되거나 파손된 책은 구입하신 서점에서 교환해드립니다.
책값은 뒤표지에 있습니다.

이 도서의 국립중앙도서관 출판예정도서목록(CIP)은 서지정보유통지원시스템 홈페이지(http://seoji.nl.go.kr)와 국가자료공동목록시스템(http://www.nl.go.kr/kolisnet)에서 이용하실 수 있습니다.
(CIP제어번호: CIP2016004531)